CATALOGUE

CONDITIONS DE LA VENTE

La vente sera faite au comptant.

Les acquéreurs payeront cinq pour cent en sus des enchères applicables aux frais.

Paris — Imp. ALCAN-LEVY, 61, rue Lafayette.

CATALOGUE

DE

40 TABLEAUX

PAR

TROUILLEBERT

DONT LA VENTE AURA LIEU

HOTEL DROUOT

Salle No 3

LE VENDREDI 25 AVRIL 1884

A 3 heures très précises

COMMISSAIRE-PRISEUR

Mᵉ HENRI LECHAT, 6, rue Baudin (square Montholon)

EXPERT

M. JULES CHAINE, 17, avenue Trudaine

Chez le   uels on délivre le Catalogue

EXPOSITION PUBLIQUE LE JEUDI 24 AVRIL

De 1 heure à 5 heures 1/2

TABLEAUX

PAR

TROUILLEBERT

DÉSIGNATION :

1. LA LOUE A ORNANS.

H. 0.85 — L. 1.14

2. UN COIN DE VILLAGE DANS LES PYRÉNÉES.

H. 0.46 — L. 0.50

3. LA SEINE A SAINT-PIERRE DU VAUVRAY ; *Normandie.*

H. 0.46 — L. 0.55

4. LES SAULES SUR LES BORDS DE L'OISE.

H. 0.47 — L. 0.70

5. LE LAC D'HANGEST ; *Picardie.*

H. 0.71 — L. 0.91

6. L'ÉTANG DE BELLEVUE ; *Allier.*

H. 0.32 — L. 0.41

7. LES BORDS DE LA VONNE ; *Poitou.*

H. 0.65 — L. 0.81

8. LE PONT DU BLANC SUR LA CREUSE.

H. 0.38 — L. 0.50

9. Un Moulin sur la Creuse.

410 —

H. 0.38 — L. 0.50

10. Temps de Pluie a Fresnay-sur-Sarthe.

400 —

H. 0.46 — L. 0.61

11. Le vieux Moulin ; *environs de Poitiers.*

380 —

H. 0.29 — L. 0.42

12. La Blanchisserie a Fresnay-sur-Sarthe.

415

H. 0.36 — L. 0.46

13. Une Ile de la Seine a Vetheuil.

390 —

H. 0.32 — L. 0.55

14. Une Rive du Clain ; *Poitou.*

465 —

H. 0.50 — L. 0.61

15. Soleil couchant sur le Clain ; *Poitou.*

H. 0.46 — L. 0.55

16. Les Moulins de Zaandam ; *Hollande.*

H. 0.28 — L. 0.41

17. La Batelière.

H. 0.43 — L. 0.58

18. La Pointe de l'Ile de Vaux a Auvers.

H. 0.55 — L. 0.46

19. Les Moulins de Dordrecht ; *Hollande.*

H. 0.46 — L. 0.55

20. Chantiers de constructions a Dordrecht ; *Hollande.*

H. 0.38 — L. 0.55

21. MOULIN A FRESNAY-SUR-SARTHE.

H. 0.46 — L. 0.55

22. L'ÉCLUSE DU MOULIN SUR LA SARTHE.

H. 0.38 — L. 0.46

23. SOUVENIRS DE SAINT-CENERY.

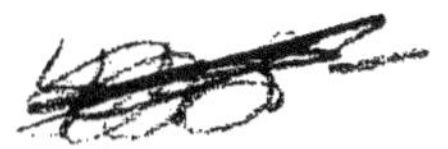

H. 0.38 — L. 0.32

24. BORDS DE LA SEINE A CANTELOUP.

H. 0. 43 — L. 0.68

25. LA VANNE.

H. 0.38 — L. 0.55

26. LE MOULIN DE VILLEDIEU ; *Normandie.*

H. 0.38 — L. 0.55

27. HERBAGE AU BORD DE L'EPTE.

H. 0.55 — L. 0.46

28. LE CHATEAU DU BLANC; *Indre*.

H. 0.26 — L. 0.41

29. LA SARTHE A FRESNAY.

H. 0.29 — L. 0.41

30. CHEMIN AU BORD DE LA VONNE; *Poitou*.

H. 0.46 — L. 0.55

31. LE RUISSEAU A MONTLUÇON.

H. 0.38 — L. 0.55

32. LA MEUSE A DORDRECHT.

H. 0.43 — L. 0.68

33. LA MAISON DU PASSEUR. *265 —*

H. 0.27 — L. 0.41

34. LA PASSERELLE A MAISONS-LAFFITTE. *430 —*

H. 0.49 — L. 0.74

35. PATURE A LIVAROT; *Normandie.* *410 —*

H. 0.62 — L. 0.45

36. UN DUEL DANS LA FORÊT DE VILLERS-COTTE- *510 —*
RETS.

H. 0.73 — L. 0.59

37. L'ILE DU MOULIN FRESNAY-SUR-SARTHE. *560 —*

H. 0.46 — L. 0.61

38. LE BERGER. *620 —*

H. 0.54 -- 0.80

39. L'ILE LABORDE A MAISONS-LAFFITTE.

H. 0.37 — L. 0.58

40. LA FEMME AU MIROIR.

H. 0.54 — L. 0,86